وَحْدي في الجَبَلِ

خليل بِالحاجّ

Alone on the Mountain

Modern Standard Arabic Reader – Book 34

By Khalil Bel Hadj

ISBN: 978-1-962752-13-8

Written by Khalil Bel Hadj

Edited by Hend Khaled and Matthew Aldrich

Arabic translation* by Hend Khaled

Cover art by Duc-Minh Vu

Audio by Mohamed Shehata

** from the original Tunisian Arabic to Modern Standard Arabic*

website: www.lingualism.com

email: contact@lingualism.com

Introduction

The **Modern Standard Arabic Readers** series aims to provide learners with much-needed exposure to authentic language. The books in the series are at a similar level (B1-B2) and can be read in any order. The stories are a fun and flexible tool for building vocabulary, improving language skills, and developing overall fluency.

The main text is presented on even-numbered pages with tashkeel (diacritics) to aid in reading, while parallel English translations on odd-numbered pages are there to help you better understand new words and idioms. A second version of the text is given at the back of the book, without the distraction of tashkeel and translations, for those who are up to the challenge.

The English translations have been revised for improved clarity and accuracy. Each story now also includes **20 comprehension questions** with example answers to help reinforce your understanding of the text. A **sequencing exercise** is provided as well, where you'll put ten key events from the story back in their correct order. These additions make the book even more useful for self-study, classroom use, or group discussions.

Visit www.lingualism.com/audio, to stream or download the free accompanying audio.

This book is also available in Tunisian Arabic at www.lingualism.com/tar.

وَحْدي في الجَبَلِ

جاءَ أُكْتوبِرُ، وَكُلُّ صَيّادٍ أَوِ ابْنِ صَيّادٍ يَعْرِفُ أَنَّ مَوْسِمَ الصَّيْدِ قَدْ بَدَأَ. أَمّا بِالنِّسْبَةِ لي، فَهَذا الشَّهْرُ أَكْثَرُ مِنْ مُجَرَّدِ مَوْسِمِ صَيْدٍ.

سَأَذْهَبُ لِلصَّيْدِ لِأَوَّلِ مَرَّةٍ كالكِبارِ. سَأَتَجَوَّلُ في الجَبَلِ، وَسَأَعْتَمِدُ عَلى نَفْسي وَأُثْبِتُ أَنَّني قادِرٌ عَلى إِدارَةِ الأُمورِ بِمُفْرَدي.

مُنْذُ بِدايَةِ الأُسْبوعِ وَأَنا أَتَنَقَّلُ مِنْ سوقٍ إِلى سوقٍ أَبْحَثُ عَنْ أَشْياءَ لِأَشْتَرِيَها، بَحَثْتُ عَنْ حِذاءٍ جَيِّدٍ أَوْ جَوارِبَ سَميكَةٍ تَمْنَعُ دُخولَ الشَّوْكِ.

كُنْتُ أُقَلِّبُ في تِلْكَ المَلابِسِ وَأَنا في غايَةِ السَّعادَةِ، أُخْبِرُ كُلَّ مَنْ يُقابِلُني أَنَّني سَأَذْهَبُ لِلصَّيْدِ.

عَلى أَيِّ حالٍ، في يَوْمِ السَّبْتِ، كالعادَةِ، أَذْهَبُ مَعَ أَبي إِلى المَقْهى وَأَقْضي الصَّباحَ مَعَ أَصْدِقائِهِ الصَّيّادينَ، نَتَحَدَّثُ عَنِ الصَّيْدِ وَالطَّرائِفِ.

وَفي المَساءِ، نُحَضِّرُ طَعامَنا وَمَلابِسَنا وَأَغْراضَنا.

Alone on the Mountain

October has arrived, and every hunter or son of a hunter knows that the hunting season has begun. But for me, this month is more than just a hunting season.

I will go hunting for the first time like the grown-ups. I will roam the mountain, rely on myself, and prove that I am capable of managing things on my own.

Since the beginning of the week, I have been moving from market to market, searching for things to buy. I looked for good boots or thick socks to prevent thorns from getting in.

I was flipping through those clothes with great joy, telling everyone I met that I was going hunting.

Anyway, on Saturday, as usual, I go with my father to the café and spend the morning with his hunter friends, talking about hunting and funny stories.

In the evening, we prepare our food, clothes, and supplies.

كُنْتُ أُحَضِّرُ نَفْسي في اللَّيْلِ، وَأَتَخَيَّلُ المَكانَ الَّذي سَنَذْهَبُ إِلَيْهِ. جاءَتْ أُمّي، دَخَلَتْ إِلى الغُرْفَةِ وَشَعَرْتُ مِنْ نَظَرَتِها أَنَّها قَلِقَةٌ، وَلَكِنَّني تَظاهَرْتُ بِأَنَّني لَمْ أُلاحِظْ.

أُمّي: "يا بُنَيَّ، أَرْجوكَ افْعَلْ كَما أَوْصَيْتُكَ. سَتَبْقَوْنَ بِالخارِجِ يَوْمَيْنِ وَتِلْكَ لَيْسَتْ فَتْرَةً قَصيرَةً. أُريدُكَ أَنْ تَنْتَبِهَ لِنَفْسِكَ."

أَنا: "يا أُمّي، لَقَدْ كَبُرْتُ، عُمْري سِتَّةَ عَشَرَ عامًا، الآنَ يُمْكِنُكِ أَنْ تَعْتَمِدي عَلَيَّ."

أُمّي: "نَعَمْ، أَعْرِفُ أَنَّكَ كَبُرْتَ وَأَسْتَطيعُ الِاعْتِمادَ عَلَيْكَ، وَأَعْرِفُ أَنَّكَ تَسْتَطيعُ الِاعْتِناءَ بِنَفْسِكَ. وَلَكِنْ أَرْجوكَ لا تَبْتَعِدْ عَنْ وَالِدِكَ وَكُلْ جَيِّدًا. لَقَدْ حَضَّرْتُ لَكَ الكَثيرَ مِنَ الأَشْياءِ، لا تَبْقَ جائِعًا يا بُنَيَّ وَاتَّصِلْ بي مِنْ وَقْتٍ لِآخَرَ لِتُطَمْئِنَني."

أَنا: "اِطْمَئِنّي يا أُمّي، لَدَيْكِ رَجُلٌ حَقيقِيٌّ."

في الصَّباحِ الباكِرِ مِنَ اليَوْمِ التّالي، اِسْتَيْقَظْنا في الرّابِعَةِ صَباحًا، صَلَّيْنا الفَجْرَ ثُمَّ تَناوَلْنا الإِفْطارَ. ذَهَبْتُ لِإِنْزالِ الكِلابِ مِنَ السَّطْحِ بَيْنَما انْتَظَرَني أَبي أَمامَ البَيْتِ بِالخارِجِ.

AUDIO TRACK TIMESTAMP: [1:14]

I was preparing myself at night, imagining the place we would go. My mother came in, entered the room, and from her look, I felt that she was worried, but I pretended not to notice.

Mother: "My son, please do as I advised you. You will be out for two days, and that is not a short time. I want you to take care of yourself."

Me: "Mom, I've grown up. I am sixteen years old now; you can count on me."

Mother: "Yes, I know you have grown up, and I can rely on you. I know that you can take care of yourself. But please, don't stray too far from your father and eat well. I have prepared a lot of things for you—don't stay hungry, my son. And call me from time to time to reassure me."

Me: "Don't worry, Mom! You have a real man now."

At the crack of dawn the next day, we woke up at four in the morning, prayed Fajr, and then had breakfast. I went to take the dogs down from the rooftop while my father waited for me outside the house.

كُنْتُ سَعيدًا سَعادَةً لا توصَفُ. رَكِبْنا السَّيّارَةَ وَتَوَجَّهْنا إِلى ماطِرَ في وِلايَةِ بِنْزَرْتَ. وَبَعْدَ ساعَتَيْنِ أَوْ أَكْثَرَ عَلى الطَّريقِ، وَصَلْنا إِلى المَكانِ الَّذي سَنَصيدُ فيهِ، وَبَدأْنا رِحْلَةَ البَحْثِ عَنْ طُيورِ الحَجَلِ وَالأَرانِبِ، وَتَفَقَّدْنا كُلَّ ناحِيَةٍ مِنَ الجَبَلِ.

بَدَأْنا نَمْشي في الجِبالِ وَنُشاهِدُ الحَجَلَ يَطيرُ.

يا لَها مِنْ فَرْحَةٍ وَحَماسٍ لا أَسْتَطيعُ وَصْفَهُما!

أَصابَ أَبي أَوَّلَ حَجَلٍ وَأَعْطاني إِيّاهُ: "أَمْسِكْهُ وَضَعْهُ في الجِرابِ، اِنْتَبِهْ لا تُسْقِطْهُ!"

وَفي تِلْكَ الأَثْناءِ، قَفَزَتْ دِيانا [الكَلْبَةُ] في جُحْرٍ وَأَخْرَجَتْ أَرْنَبًا. أَصابَهُ أَبي أَيْضًا، وَالآنَ صارَ لَدَيْنا اثْنانِ! يا لَهُ مِنْ يَوْمٍ سَعيدٍ!

وَبَيْنَما كُنْتُ أَتَجَوَّلُ في الجَبَلِ، أَحْبَبْتُ المَكانَ كَثيرًا. كُلُّ شَيْءٍ أَخْضَرُ وَمُزْهِرٌ، وَالمَنْظَرُ رائِعٌ، وَتَرى بُيوتًا عَلى قِمَّةِ الجَبَلِ، لا تُجاوِرُها أَيُّ طُرُقٍ، تَجْعَلُكَ تَتَساءَلُ كَيْفَ يَسْتَطيعونَ العَيْشَ وَكَيْفَ يَقْضونَ حاجاتِهِمْ. وَلَكِنَّها أَيْضًا تُشْعِرُكَ بِالاِمْتِنانِ حينَ تَرى طِفْلًا في عُمْرِكَ يَنْزِلُ عَلى حِمارٍ لِيَمْلَأَ الماءَ، وَتَجِدُ مَنْ هُمْ أَصْغَرُ مِنْكَ يَرْعَوْنَ الأَغْنامَ. وَلَكِنَّ

[2:40]

I was indescribably happy. We got into the car and headed toward Mateur in the governorate of Bizerte. After two or more hours on the road, we arrived at the hunting area and began our search for partridges and rabbits, checking every part of the mountain.

We started walking through the mountains and saw the partridges flying.

What a joy and thrill—I can't describe them!

My father hit the first partridge and handed it to me: "Hold it and put it in the bag—be careful not to drop it!"

At that moment, Diana [the dog] jumped into a burrow and pulled out a rabbit. My father shot it, too, and now we had two! What a wonderful day!

As I wandered through the mountain, I fell in love with the place. Everything was green and blooming, the scenery was breathtaking, and you could see houses perched on the mountain peaks, with no roads leading to them. It made you wonder how people managed to live there and take care of their needs. But it also filled you with gratitude when you saw a child your age riding a donkey to fetch water or younger children herding sheep. Yet,

الشَّيْءَ المُشْتَرَكَ بَيْنَهُمْ هُوَ الابْتِسامَةُ وَتَرْحيبُهُمْ بِالنّاسِ، يُشْعِرونَكَ أَنَّكَ مِنْهُمْ، وَعِنْدَما تَحْتاجُ شَيْئًا يُساعِدونَكَ.

اِقْتَرَبَتِ السّاعَةُ مِنَ العاشِرَةِ وَالنِّصْفِ صَباحًا، بَعْدَ حَوالَيْ ثَلاثِ ساعاتٍ مِنَ المَشْيِ وَالتَّعَبِ، قَرَّرْنا أَنْ نَسْتَريحَ قَليلًا، وَأنْ نَأْكُلَ شَيْئًا قَبْلَ أَنْ نُواصِلَ مُغامَرَتِنا.

أَنا: "يا أَبي، مَتى كانَتْ أَوَّلُ مَرَّةٍ ذَهَبْتَ فيها لِلصَّيْدِ؟"

أَبي: "يا لَلذِّكْرى! أَتَذَكَّرُ... كانَ ذَلِكَ عامَ 1971، كانَ عُمْري حينَها مِثْلَ عُمْرِكَ أَوْ أَكْبَرَ مِنْكَ بِعامٍ."

أَنا: "هَلْ وَجَدْتُمُ الكَثيرَ مِنَ الحَجَلِ؟"

أَبي: "أوهْ، الكثيرَ! في ذَلِكَ الْوَقْتِ لَمْ يَكُنْ هُناكَ فَسادٌ وَلا صَيْدٌ مَمْنوعٌ، كانَ النّاسُ مُنَظَّمونَ يَحْتَرِمونَ أَوْقاتَ الصَّيْدِ."

أَنا: "سَتَرى اليَوْمَ كَمْ سَنَصْطادُ! أَشْعُرُ بِالحَظِّ الوَفيرِ."

أَبي: "هَيّا هَيّا، قُمْ يَكْفيكَ ما اسْتَرَحْتَ. ما زالَ النَّهارُ طَويلًا وَالجَبَلُ كَبيرٌ."

[4:13]

the common thing among them all was their smiles and their warm welcomes—they made you feel like one of them. And when you needed something, they were always ready to help.

As the time approached 10:30 AM, after nearly three hours of walking and exhaustion, we decided to take a short rest and eat something before continuing our adventure.

Me: “Dad, when was the first time you went hunting?”

Father: “Oh, what a memory! I remember... that was in 1971. I was your age then, or maybe a year older.”

Me: “Did you find a lot of partridges?”

Father: “Oh, plenty! Back then, there was no corruption, and hunting was not restricted. People were organized and respected the hunting seasons.”

Me: “You’ll see how much we’ll catch today! I feel incredibly lucky.”

Father: “Come on, come on, that’s enough rest. The day is still long, and the mountain is vast.”

“وَبَيْنَما نَحْنُ نَمْشي وَنوشِكُ عَلى دُخولِ غابَةٍ كَبيرَةٍ، قالَ لي أَبي: “اِنْتَبِهْ أَيْنَ تَمْشي وَأَبْقِ عَيْنَيْكَ عَلَيَّ وَلا تَبْتَعِدْ. سَتَنْزِلُ مِنْ هُنا وَأَنا سَأَمُرُّ مِنْ هُنا وَنَتَقابَلُ في نِهايَةِ النَّهْرِ.”

أَنا: “حَسَنًا.”

وَبَيْنَما أَنا أَمْشي في الجَبَلِ لاحَظْتُ شَجَرَ الصَّنَوْبَرِ وَأَشْياءَ أُخْرى جَميلَةً، بِاخْتِصارٍ كانَ المَكانُ جَميلًا جِدًّا، لِدَرَجَةِ أَنَّني بَدَأْتُ أَسْرَحُ في المَنْظَرِ. وَالتَفَتُّ لِأَجِدَ بُحَيْرَةً كَبيرَةً بِجانِبي مَليئَةً بِالإِوَزِّ. وَقَفْتُ أَتَفَرَّجُ عَلَيْهِ وَأَنا لا أَنْتَبِهُ أَنَّ أَبي قَدِ اخْتَفى مِنْ نَظَري. عِنْدَما عُدْتُ إِلى الواقِعِ نَظَرْتُ فَلَمْ أَجِدْ أَبي. اِرْتَبَكْتُ. إِنَّها أَوَّلُ مَرَّةٍ في حَياتي أَبْتَعِدُ عَنْ أَبي، وَفي غابَةٍ أَيْضًا. كُلُّ ذَلِكَ الجَمالِ تَحَوَّلَ إِلى خَوْفٍ وَبَدَأْتُ أَتَخَيَّلُ أَشْياءَ.

بَدَأْتُ أَمْشي وَأُسْرِعُ شَيْئًا فَشَيْئًا حَتّى أَصْبَحْتُ أَجْري وَأَصْرُخُ مُنادِيًا.

أَنا: “يا أَبي! يا أَبي! أَيْنَ أَنْتَ؟ اِنْتَظِرْ!”

لا صَوْتَ. لا إِجابَةَ. ماذا سَأَفْعَلُ الآنَ؟ زادَتْ هَلاوِسي وَأَصْبَحْتُ أَجْري كَالمَجْنونِ في تِلْكَ الغابَةِ وَأَجْري وَأَجْري، وَفَجْأَةً زَلِقْتُ في مُنْحَدَرٍ وَسَقَطْتُ عَلى ضِفَّةِ النَّهْرِ.

[5:35]

As we were walking and about to enter a large forest, my father said to me, “Watch where you step, keep your eyes on me, and don’t wander off. You’ll go down this way, and I’ll take that path—we’ll meet at the end of the river.”

Me: “Alright.”

As I walked through the mountain, I noticed the pine trees and many other beautiful things. The place was so breathtaking that I started losing myself in the scenery. When I turned, I saw a large lake beside me filled with geese. I stood there admiring them, unaware that my father had disappeared from my sight. When I snapped back to reality, I looked around and couldn’t find him. I panicked. This was the first time in my life I had been separated from my father—and in a forest, no less. All that beauty suddenly turned into fear, and my imagination started running wild.

I began walking faster and faster until I was running, shouting.

Me: “Dad! Dad! Where are you? Wait!”

No sound. No answer. What was I supposed to do now? My mind raced with terrifying thoughts, and I kept running like a madman through the forest. I ran and ran until suddenly, I slipped on a slope and fell onto the riverbank.

فَتَحْتُ عَيْنَيَّ. لَمْ أَسْتَطِعِ الحَرَكَةَ مِنْ قُوَّةِ الضَّرْبَةِ. حاوَلْتُ النُّهوضَ وَلَكِنَّني لَمْ أَسْتَطِعْ، وَأُغْمِيَ عَلَيَّ.

في تِلْكَ اللَّحْظَةِ حَلُمْتُ أَحْلامًا كَثيرَةً. شَعَرْتُ كَأَنَّني أَتَحَرَّكُ وَلَكِنَّني كُنْتُ أَحْلُمُ. وَبَعْدَ حَوالَيْ ساعَةٍ شَعَرْتُ بِرَأْسي ثَقيلًا وَبَدَأْتُ أَسْتَفيقُ.

فَتَحْتُ عَيْنَيَّ. فَقَدْتُ الذّاكِرَةَ. لا أَتَذَكَّرُ أَيَّ شَيْءٍ.

"لِماذا أَنا هُنا؟ أَيْنَ أَبي؟"

آخِرُ شَيْءٍ أَتَذَكَّرُهُ البُحَيْرَةُ الَّتي أَعْجَبَتْني، لَكِنَّني الآنَ عَلى ضِّفَّةِ نَهْرٍ وَسِرْوالي مُبَلَّلٌ بِالماءِ.

عِنْدَما أَدْرَكْتُ أَنَّني وَحْدي وَلا أَحَدَ بِجانِبي، عادَ إِلَيَّ الخَوْفُ. لِذا، بَدَأْتُ أُهَدِّئُ نَفْسي.

ثُمَّ قُلْتُ: "لا بَأْسَ، لا بَأْسَ، سَتَنْتَهي الأُمورُ عَلى خَيْرٍ. لا تَخَفْ، سَتَجِدُ حَلًّا."

سَأُحاوِلُ البَحْثَ عَنْ أَبي، فَهُوَ بِالتَّأْكيدِ قَدِ افْتَقَدَني وَعادَ لِيَبْحَثَ عَنّي.

[7:13]

I opened my eyes. I couldn't move because of the impact of the fall. I tried to get up, but I couldn't—and then I lost consciousness.

In that moment, I had so many dreams. I felt as if I was moving, but I was only dreaming. After about an hour, my head felt heavy, and I began to wake up.

I opened my eyes. My memory was gone. I couldn't remember anything.

"Why am I here? Where is my father?"

The last thing I remembered was the beautiful lake that had amazed me, but now I was on a riverbank, and my pants were soaked with water.

When I realized I was alone with no one around me, fear returned. So, I started calming myself down.

Then I said, "It's okay, it's okay. Everything will turn out fine. Don't be afraid. You'll find a way."

I will try to find my father—he must have noticed I was missing and come back to search for me.

كُنْتُ أَمْشي في وَسَطِ الغابَةِ وَكَأَنَّني في مَتاهَةٍ، أَسيرُ مِنْ جِهَةٍ لِأَجِدَ نَفْسي في مَكانٍ آخَرَ، أَعودُ أَدْراجي لِأَجِدَ نَفْسي في مَكانٍ مُخْتَلِفٍ.

يا لَهُ مِنْ حَظٍّ سَيِّئٍ! ما الحَلُّ الآنَ؟

بَدَأَ قَلْبي يَخْفِقُ، وَبَدأْتُ في قِراءَةِ القُرْآنِ، كانَ كُلُّ صَوْتٍ أَسْمَعُهُ يُخيفُني.

كُنْتُ في مَكانٍ أَزورُهُ لِأَوَّلِ مَرَّةٍ. ما مِنْ صَيّادٍ بِجانِبي لِأَسْأَلَهُ. لا أَحَدَ عَلى الإِطْلاقِ. لا أَرى سِوى نَهْرٍ خَلْفي وَجَبَلٍ عالٍ أَمامي لا أَسْتَطيعُ تَسَلُّقَهُ.

تَشَجَّعْتُ قَليلًا وَقَفَزْتُ إِلى مَكانٍ مُنْخَفِضٍ، وَبَدَأْتُ أَجْري وَأُنادي: "يا أَبي! يا أَبي! يا حافِظ!"

ثُمَّ سَمِعْتُهُ يُنادي: "وَليدُ! أَيْنَ أَنْتَ يا وَليدُ؟"

كانَ الصَّوْتُ يَبْتَعِدُ وَأَنا أُكافِحُ لَأَرى أَبي. كُنْتُ أَجْري وَأَتَعَثَّرُ وَأَسْقُطُ ثُمَّ أَجْري مِنْ جَديدٍ وَأَنا لا أَشْعُرُ بِأَيِّ شَيْءٍ، إِلّا بِقَلْبي الَّذي يَكادُ يَخْرُجُ مِنْ صَدْري.

[8:27]

I was walking through the forest as if in a maze—moving in one direction only to find myself in another place, retracing my steps only to end up somewhere completely different.

What terrible luck! What should I do now?

My heart began to race, and I started reciting the Quran. Every sound I heard terrified me.

I was in a place I had never visited before. There wasn't a single hunter nearby to ask for help. No one at all. All I could see was a river behind me and a towering mountain in front of me that I couldn't climb.

Gathering my courage, I jumped down to a lower area and began running, shouting: "Dad! Dad! O Guardian!"

Then I heard him calling: "Walid! Where are you, Walid?"

His voice was getting farther away, and I was struggling to catch sight of him. I ran, stumbling and falling, then running again, feeling nothing except my heart pounding as if it would burst from my chest.

أَخْرَجْتُ الهاتِفَ وَحاوَلْتُ الاِتِّصالَ، وَلَكِنْ لَمْ تَكُنْ هُناكَ شَبَكَةٌ. كُنْتُ أَجْري وَأَحْمِلُ الهاتِفَ وَلَمْ يَكُنْ هُناكَ أَحَدٌ، لا شَيْءَ، لا جَدْوى.

بَدَأْتُ أَتْعَبُ، وَبَدَأَتِ السِّيناريوهاتُ تَتَوارَدُ إِلى ذِهْني. سَأَبْقى هُنا وَحْدي وَلَنْ يَجِدَني أَحَدٌ، لَقَدِ ابْتَعَدْتُ عَنْ مَكاني وَأَنا تائِهٌ في وَسَطِ الأَشْجارِ وَالشَّوْكِ، اللهُ وَحْدَهُ يَعْلَمُ أَيْنَ أَنا.

جَلَسْتُ عَلى صَخْرَةٍ كَبيرَةٍ، لا أَعْرِفُ ماذا أَفْعَلُ، كانَ قَلْبي يَخْفِقُ بِعُنْفٍ، وَيَدايَ تَرْتَعِشانِ.

أَيْنَ سَأَذْهَبُ؟ أَبي بِالتَّأْكيدِ قَلِقٌ عَلَيَّ.

الحَلُّ الوَحيدُ أَنْ أَجِدَ طَريقَةً لِلعَوْدَةِ إِلى السَّيّارَةِ وَهُناكَ سَأَنْتَظِرُهُ حَتّى يَعودَ.

بَدَأْتُ أَمْشي يائِسًا وَعَلى غَيْرِ هُدًى.

"يا رَبّي، يا رَبّي! ساعِدْني يا رَبّي لِأَجِدَ أَبي!"

تُرى، هَلْ هُناكَ ذِئابٌ؟

ماذا لَوْ هاجَمَني ذِئْبٌ؟

وَماذا لَوْ لَمْ أَصِلْ؟ كَيْفَ سَأَقْضي اللَّيْلَ في الجَبَلِ وَحْدي؟

[9:45]

I pulled out my phone and tried to call, but there was no signal. I kept running, holding the phone, but there was no one—nothing—no use.

I was getting exhausted, and my mind started playing out worst-case scenarios. Would I be stuck here alone, never to be found? I had wandered too far. I was lost in the middle of the trees and thorns—only God knew where I was.

I sat on a large rock, unsure of what to do. My heart pounded violently, and my hands trembled.

Where should I go? My father must be worried about me.

The only solution was to find a way back to the car and wait there for him to return.

I started walking aimlessly, full of despair.

"Oh Lord, oh Lord! Help me, my Lord, to find my father!"

Could there be wolves here?

What if a wolf attacked me?

And what if I never made it back? How would I survive the night alone in the mountain?

"يا رَبّي!"

ظَلَلْتُ أَتَجَوَّلُ مِنْ مَكانٍ إِلى آخَرَ عَلى أَمَلِ أَنْ أَجِدَ أَحَدًا. لا طائِرَ يَطيرُ وَلا إِنْسانَ يَسيرُ. كانَ المَكانُ موحِشًا وَفارِغًا. اِسْتَرَحْتُ قَليلًا لِأَنَّ أَلَمَ ساقي بَدَأَ يَشْتَدُّ وَأَصْبَحْتُ بِالكادِ أَسْتَطيعُ المَشْيَ. وَجَدْتُ لَوْحًا خَشَبِيًّا فاسْتَخْدَمْتُهُ لِأَتَوَكَّأَ عَلَيْهِ، وَلِأُدافِعَ بِهِ عَنْ نَفْسي إِنْ حَدَثَ شَيْءٌ. بَدَأْتُ أَيْأَسُ، فَجَلَسْتُ مَرَّةً أُخْرى، وَالتَفَتُّ فَجْأَةً، لِأَجِدَ غَزالًا أَمامي.

لَمْ أُصَدِّقْ! نَسيتُ الهَمَّ وَالأَلَمَ وَجَلَسْتُ أَتَأَمَّلُ أَجْمَلَ لَحْظَةٍ في حَياتي، شَعَرْتُ أَنَّ الأَمَلَ بَدَأَ يَعودُ.

زالَ التَّوَتُّرُ وَبَدَأَ عَقْلي يَعْمَلُ.

قُلْتُ: "ما دامَ هُناكَ نَهْرٌ، فَلا بُدَّ أَنْ أَجِدَ راعِيًا يَأْتي بِأَغْنامِهِ لِتَشْرَبَ. سَأَبْقى قَريبًا مِنَ الضِّفَّةِ. قَدْ تَنْجَحُ الخُطَّةُ."

كانَ أَبي دائِمًا يَقولُ إِنَّ الماءَ أَمانٌ. اِتَّبَعْتُ النَّهْرَ لِساعاتٍ وَلَكِنْ لَمْ أَجِدْ شَيْئًا. كانَ هاتِفي لا يَعْمَلُ. الشَّمْسُ توشِكُ عَلى الغُروبِ وَأَنا ما زِلْتُ لَمْ أَجِدِ الطَّريقَ، وَبَدَأَ الخَوْفُ يُسَيْطِرُ عَلَيَّ.

[11:00]

“Oh my God!”

I kept wandering from place to place, hoping to find someone. No birds flew, no humans walked. The place felt empty and desolate. I took a short rest because the pain in my leg had worsened—I could barely walk. I found a wooden plank and used it as a cane to lean on, and as a weapon to defend myself in case anything happened. I was beginning to lose hope. I sat down once more and suddenly turned—only to find a gazelle standing right in front of me.

I couldn’t believe it! I forgot my fear and pain, and I sat there, taking in the most beautiful moment of my life. I felt a glimmer of hope return.

The tension faded, and my mind started working again.

I said, “As long as there’s a river, there must be a shepherd who brings his sheep to drink. I’ll stay close to the riverbank. Maybe the plan will work.”

My father always said that water means safety. I followed the river for hours, but I found nothing. My phone still wasn’t working. The sun was about to set, and I still hadn’t found the way. Fear started to take over me.

لا أُصَدِّقُ! مُسْتَحيلٌ أَنْ أَسْتَطيعَ قَضاءَ اللَّيْلِ في الجَبَلِ وَحْدي!

وَفَجْأَةً، سَمِعْتُ صَوْتًا مُرْعِبًا وَرَأَيْتُ ظِلًّا أَسْوَدَ.

ذِئْبٌ! ذِئْبٌ! وَاللهِ إِنَّهُ ذِئْبٌ!

تَجَمَّدْتُ في مَكاني، العَرَقُ يَتَصَبَّبُ، قَلْبي يَخْفِقُ. أَشْعُرُ أَنَّ الدُّنْيا تَوَقَّفَتْ، لا أَسْتَطيعُ تَحْريكَ جَسَدي وَهُوَ يُحَدِّقُ فِيَّ.

شَعَرْتُ أَنَّ النِّهايَةَ اقْتَرَبَتْ. كانَ أَسْوَأَ مَوْقِفٍ شَعَرْتُ بِهِ في حَياتي.

بَدَأَ الذِّئْبُ يُزَمْجِرُ نَحْوي بَيْنَما اجْتاحَني الرُّعْبُ. بَدَأْتُ أَتَراجَعُ بِبُطْءٍ وَالذِّئْبُ في مَكانِهِ يَنْظُرُ إِلَيَّ وَأَنا أَتَراجَعُ.

لَمْ أَسْتَطِعِ النُّطْقَ بِبِنْتِ شَفَةٍ، كُنْتُ أَرْتَعِشُ. في أَيِّ لَحْظَةٍ سَيَهْجُمُ عَلَيَّ.

كانَتْ أَنْيابُهُ بارِزَةً وَلُعابُهُ يَسيلُ.

كانَ أَسْوَدَ بِالكامِلِ، وَعَيْناهُ فاتِحَتانِ تُحَدِّقانِ فِيَّ أَنا فَقَطْ.

لَمْ أَعُدْ أَعْرِفُ ماذا أَفْعَلُ.

[12:26]

I can't believe it! It's impossible for me to spend the night in the mountain alone!

Suddenly, I heard a terrifying sound and saw a dark shadow.

A wolf! A wolf! By God, it's a wolf!

I froze in place, sweat pouring down, my heart pounding. It felt like the world had stopped. I couldn't move my body as it stared directly at me.

I felt that the end was near. It was the worst moment I had ever experienced in my life.

The wolf began growling at me while terror washed over me. I started backing away slowly, while it stood its ground, watching me as I retreated.

I couldn't utter a single word—I was trembling. Any second now, it would attack me.

Its fangs were bared, and its saliva dripped.

It was entirely black, with pale eyes locked onto me and me alone.

يا إِلَهي! قَلْبي يَكادُ يَقْفِزُ.

إِنْ أَصْدَرْتُ صَوْتًا هَلْ سَيَهْجُمُ عَلَيَّ؟ أَخْشى هَذا. يَجِبُ أَلّا أَجْرِيَ، فَرُبَّما يَظُنُّ أَنَّني خائِفٌ وَيَقْفِزُ عَلَيَّ لِيَفْتَرِسَني.

يَجِبُ أَنْ أَسْتَجْمِعَ شَجاعَتي وَأُشْعِرَهُ أَنَّني لَسْتُ فَريسَةً.

لَنْ أَدَعَهُ يَتَغَلَّبُ عَلَيَّ.

اِهْدَأْ وَلا تَخَفْ.

الكَلامُ سَهْلٌ وَلَكِنَّ الفِعْلَ يَأْتي مِنَ اللهِ.

وَبَيْنَما كُنْتُ واقِفًا في مَكاني، لَمْ أَسْتَطِعْ رؤْيَةَ ما خَلْفي، خَطَوْتُ خُطْوَةً في الفَراغِ فَسَقَطْتُ مِنْ فَوْقِ تَبَّةٍ.

الحَمْدُ لِلَّهِ لَمْ تَكُنْ مُرْتَفِعَةً كَثيرًا.

شَعَرْتُ بِأَلَمٍ في ساقي وَيَدي، وَشَعَرْتُ بِالدَّمِ يَسيلُ، وَلَكِنِ اسْتَجْمَعْتُ قُوايَ وَنَهَضْتُ.

وَاخْتَبَأْتُ بِجانِبِ شُجَيْرَةٍ.

يا إِلَهي! عادَ الذِّئْبُ! ماذا سَأَفْعَلُ؟ لا بُدَّ أَنَّهُ شَمَّ رائِحَتي.

تَجَمَّدْتُ في مَكاني.

[13:36]

I no longer knew what to do.

Oh God! My heart was about to leap out of my chest.

If I made a sound, would it attack me? I feared it would. I must not run—it might think I'm afraid and pounce on me to devour me.

I had to gather my courage and make it feel that I was not prey.

I wouldn't let it overpower me.

Stay calm and don't be afraid.

Words are easy, but action comes from God.

As I stood in place, unable to see what was behind me, I took a step into emptiness and fell off a small hill.

Thank God, it wasn't too high.

I felt pain in my leg and arm and noticed blood trickling, but I gathered my strength and got up.

I hid next to a small bush.

Oh God! The wolf is back! What should I do? It must have picked up my scent.

I froze in place.

اِقْتَرَبَتْ زَمْجَرَةُ الذِّئْبِ وَأَرْعَبَتْني. ظَلَلْتُ أُحَدِّقُ فيهِ وَهُوَ يَقْتَرِبُ مِنّي شَيْئًا فَشَيْئًا، يَتَشَمَّمُ حَوْلي، وَلَكِنَّهُ لا يَراني.

اِلْتَفَتُّ لِأَجِدَ حَجَرًا بِجانِبي، وَبِكُلِّ قُوَّتي رَمَيْتُهُ خَلْفي، سَمِعَ الذِّئْبُ الصَّوْتَ وَذَهَبَ يَجْري نَحْوَهُ. في تِلْكَ اللَّحْظَةِ بَدَأْتُ أَجْري إِلى الجِهَةِ الأُخْرى- اللهُ أَعْلَمُ كَيْفَ - حَتّى ابْتَعَدْتُ في وَسَطِ الغابَةِ. كُنْتُ أَجْري وَأَنْظُرُ خَلْفي خائِفًا أَنْ يَراني الذِّئْبُ.

نَزَلْتُ إِلى حَقْلٍ كَبيرٍ. بَدَأَتْ خُطُواتي تَثْقُلُ وَالآلامُ تَزْدادُ عَلَيَّ.

كانَتْ رُكْبَتي وَيَدي مَجْروحَتانِ وَأَنا أَحْمِلُ نَفْسي بِصُعوبَةٍ.

أَخْرَجْتُ قارورَةَ الماءِ لِأَجِدَها قَدْ تَسَرَّبَ ماؤُها عِنْدَما سَقَطْتُ.

وَجَدْتُ قَليلًا مِنَ الماءِ في قاعِ القارورَةِ، شَرِبْتُهُ. وَوَجَدْتُ شَجَرَةً فاتَّكَأْتُ عَلَيْها لِأَسْتَريحَ قَليلًا. لا أَدْري ما الَّذي أَخافَني بِالضَّبْطِ: أَنَّني كُنْتُ وَحيدًا في الجَبَلِ، أَمْ أَنَّ ذِئْبًا كانَ يَبْحَثُ عَنّي! كُلُّ شَيْءٍ اجْتَمَعَ مَعًا.

وَبَيْنَما أَنا جالِسٌ، وَجَدْتُ مَغارَةً لَيْسَتْ مُرْتَفِعَةً. رَكَضْتُ إِلَيْها، دَخَلْتُ وَظَلَلْتُ مُتَحَفِّزًا.

[14:45]

The wolf's growl grew louder, terrifying me. I kept staring at it as it slowly approached, sniffing around, but it couldn't see me.

I turned and found a rock beside me. With all my strength, I threw it behind me. The wolf heard the sound and ran toward it. At that moment, I started running in the opposite direction—God knows how—until I had distanced myself deep into the forest. I kept running, glancing behind me in fear that the wolf might see me.

I descended into a vast field. My steps grew heavy, and the pain increased.

My knees and hands were wounded, and I was struggling to carry myself.

I took out my water bottle, only to find that the water had leaked when I fell.

There was a little water left at the bottom of the bottle, so I drank it. Then, I found a tree and leaned against it to rest for a while. I didn't know what scared me more—the fact that I was alone in the mountain or that a wolf had been hunting me! Everything seemed to pile up at once.

As I sat there, I spotted a small cave. I ran toward it, went inside, and stayed alert.

أَيْنَ الذِّئْبُ؟ هَلْ تَتَبَّعَ أَثَري؟ هَلْ نَجَحْتُ في الهَرَبِ مِنْهُ؟ تُرى، أَهُوَ بِالجِوارِ؟ يَجِبُ أَلّا أُصْدِرَ أَيَّ صَوْتٍ.

كُنْتُ أَلْهَثُ وَقَلْبي يَخْفِقُ ولا أَسْتَطيعُ حَبْسَ أَنْفاسي.

يا إِلَهي، أَرْجو أَلّا يَكونَ قَدْ رَآني! أَرْجو أَنْ أَكونَ نَجَحْتُ في الهَرَبِ مِنْهُ!

كُنْتُ أَرْتَجِفُ في تِلْكَ المَغارَةِ وَأَبْتَلِعُ ريقي بِصُعوبَةٍ حَتّى هَدَأَ كُلُّ شَيْءٍ وَشَعَرْتُ بِبَعْضِ الأَمانِ.

خَرَجْتُ وَجَلَسْتُ في الظِّلِّ وَنَظَرْتُ إِلى السَّماءِ لِأَجِدَها بَدَأَتْ تَغيمُ. شَعَرْتُ أَنَّ المَطَرَ سَيَهْطِلُ قَريبًا. أَحْتاجُ إِلى نارٍ! كَيْفَ سَأَقْضي اللَّيْلَةَ بِدونِ نارٍ؟

جَمَعْتُ بَعْضَ الحَطَبِ، وَلِحُسْنِ حَظّي وَجَدْتُ سِكّينَ أَبي في جَيْبي، قَطَعْتُ الحَطَبَ وَبَدَأْتُ أَبْحَثُ عَنْ كَيْفِيَّةِ إِشْعالِ النّارِ.

كانَتْ لَدَيَّ وِلاعَةٌ، وَلَكِنَّ الطَّقْسَ أَصْبَحَ سَيِّئًا وَبَدَأَتِ الرِّيحُ. كُنْتُ أَحْتاجُ إِلى شَيْءٍ يَشْتَعِلُ بِسُرْعَةٍ لِيُساعِدَني عَلى إِشْعالِ الحَطَبِ.

[16:13]

Where was the wolf? Had it followed my tracks? Had I successfully escaped?

Could it be nearby? I had to stay completely silent.

I was panting, my heart racing, unable to hold my breath.

Oh God, I hope it didn't see me! I hope I really managed to escape!

I was shivering inside that cave, swallowing hard, until everything quieted down and I felt somewhat safe.

I stepped outside and sat in the shade, looking up at the sky, which had begun to cloud over. I felt that rain was coming soon. I needed a fire! How would I spend the night without one?

I gathered some firewood, and luckily, I found my father's knife in my pocket. I cut the wood and started thinking about how to light a fire.

I had a lighter, but the weather was worsening, and the wind was picking up. I needed something that would ignite quickly to help me light the wood.

وَبَيْنَما أَنا جالِسٌ، تَذَكَّرْتُ كَيْفَ كانَ أَبي يُشْعِلُ النّارَ بِسُرْعَةٍ وَيَمْزَحُ مَعي: "أَرَأَيْتَ سِحْري؟ كُلُّ ما تَحْتاجُهُ هُوَ قَليلٌ مِنْ أَوْراقِ الأوكالِبْتوس وَسَتَشْتَعِلُ النّارُ في لَحْظَةٍ..."

رَكَضْتُ وَجَمَعْتُ بَعْضَ أَوْراقِ الأوكالِبْتوس وَأَشْعَلْتُها... في البِدايَةِ أَحْدَثَ دُخانًا كَثيرًا، وَلَكِنَّهُ اشْتَعَلَ بِسُرْعَةٍ. عُدْتُ إِلى المَغارَةِ، وَبَدَأَ المَطَرُ يَهْطِلُ. جَلَسْتُ أَتَدَفَّأُ بِالنّارِ شارِدًا: "ما مَصيري؟ ماذا سَأَفْعَلُ؟"

كانَ مَعي بَعْضُ الزَّبادي أَخْرَجْتُهُ وَبَعْضُ الخُبْزِ، بَدَأْتُ آكُلُ مِنْهُما وَأُشاهِدُ الغُروبَ. حَلَّ اللَّيْلُ، وَصارَتِ الغابَةُ حالِكَةَ الظَّلامِ.

كانَتِ السَّماءُ مُرَصَّعَةً بِالنُّجومِ. لَمْ أَرَ سَماءً كَهَذِهِ في حَياتي. نَسيتُ الخَوْفَ وَجَلَسْتُ أُفَكِّرُ أَيَّ طَريقٍ سَأَسْلُكُ غَدًا.

تَذَكَّرْتُ أَشْياءَ كَثيرَةً في تِلْكَ اللَّحْظَةِ.

تَذَكَّرْتُ أُمّي كَيْفَ كانَتْ خائِفَةً عَلَيَّ، وَكَيْفَ لَمْ آخُذْ خَوْفَها عَلى مَحْمَلِ الجِدِّ.

وَلَكِنَّني تَذَكَّرْتُ أَيْضًا أَنَّها كانَتْ تَثِقُ بي، كانَتْ تَعْلَمُ أَنَّني أَسْتَطيعُ دائمًا إيجادَ مَخْرَجٍ.

[17:25]

As I sat there, I remembered how my father used to light a fire quickly and joke with me: “Did you see my magic? All you need is a little eucalyptus leaves, and the fire will ignite in an instant...”

I ran and gathered some eucalyptus leaves and lit them... At first, there was a lot of smoke, but then the fire caught quickly. I returned to the cave as the rain started to fall. I sat by the fire, lost in thought: “What will become of me? What should I do?”

I had some yogurt, which I took out along with some bread. I started eating while watching the sunset. Night fell, and the forest became pitch dark.

The sky was adorned with stars. I had never seen a sky like that before. I forgot my fear and sat there thinking about which path I would take tomorrow.

In that moment, many thoughts flooded my mind.

I remembered how my mother was afraid for me and how I hadn't taken her worries seriously.

But I also remembered that she trusted me—she knew I could always find a way out.

شَعَرْتُ أَنَّ دُموعي توشِكُ عَلى النُّزولِ.

لا بُدَّ أَنَّ أَبي يَبْحَثُ عَنّي في المَطَرِ وَأَنا لا أَسْتَطيعُ الخُروجَ مَنْ فَرْطِ الخَوْفِ، أَنا خائِفٌ عَلَيْهِ أَيْضًا مِنَ الذِّئابِ. أَنا بَيْنَ المِطْرَقَةِ وَالسِّنْدانِ.

وَضَعْتُ حَقيبَتي تَحْتَ رَأْسي وَأَغْلَقْتُ السُّتْرَةَ واتَّكَأْتُ حَتّى غَلَبَني النَّوْمُ. اِسْتَيْقَظْتُ عَلى أَذانِ الفَجْرِ. أَسْمَعُهُ مِنْ بَعيدٍ، فَقُلْتُ لِنَفْسي: "هُناكَ مَسْجِدٌ! عَلى الأَقَلِّ قَدْ أَلْتَقي بِشَخْصٍ ما."

أَطْفَأْتُ النّارَ وَحَمَلْتُ أَغْراضي وَاسْتَأْنَفْتُ المَشْيَ. كانَ هُناكَ بَصيصُ أَمَلٍ، حَتّى الأَلَمُ قَدْ زالَ.

ظَلَلْتُ أَمْشي، عَلى أَمَلِ أَنْ أَجِدَ أَيَّ شَخْصٍ عابِرٍ أَوْ صَيّادٍ... أَيَّ شَيْءٍ يُمْكِنُ أَنْ يُساعِدَني أَوْ أَيَّ مَكانٍ أَسْتَطيعُ فيهِ الاتِّصالَ بِأَبي لِأُخْبِرَهُ أَنَّني بِخَيْرٍ.

كُنْتُ أَمْشي في وَسَطِ الغابَةِ حينَ رَأَيْتُ حَمامَةً، لَمْ أُعْطِها اهْتِمامًا. ثُمَّ رَأَيْتُ سِرْبًا مِنَ الحَمامِ. بَدَأْتُ أَتْبَعُهُنَّ لِأَنَّ أَبي دائِمًا يَقولُ إِنَّ الحَمامَ يُحِبُّ النّاسَ وَدائِمًا تَجِدُهُ بِالقُرْبِ مِنَ البُيوتِ.

[18:50]

I felt my tears about to fall.

My father must be searching for me in the rain, while I couldn't even go out because of fear. I was also worried about him—what if the wolves attacked him? I was caught between a rock and a hard place.

I placed my bag under my head, zipped up my jacket, and leaned back until sleep overtook me. I woke up to the sound of the Fajr call to prayer. I could hear it from afar, so I said to myself: "There's a mosque! At least I might find someone there."

I extinguished the fire, gathered my belongings, and resumed walking. There was a glimmer of hope—even the pain had started to fade.

I kept walking, hoping to find a passerby, a hunter... anything that could help me or a place where I could contact my father to let him know I was safe.

I was walking through the forest when I saw a pigeon. I didn't pay it much attention at first. Then I saw a whole flock of pigeons. I started following them because my father always said that pigeons like to be near people, and you often find them close to houses.

ظَلَلْتُ أَتْبَعُ السِّرْبَ حَتّى وَصَلْتُ إلى مَزْرَعَةٍ كَبيرَةٍ.

كان هُناكَ أَبْقارٌ وَأَغْنامٌ وَشاحِناتٌ وَأَشْخاصٌ يَعْمَلونَ في الصَّباحِ الباكِرِ. بِمُجَرَّدِ أَنْ رَأَوْني، جاءَتْ إِلَيَّ امْرَأَةٌ تَجْري وَقالَتْ: "يا بُنَيَّ! هَلْ أَنْتَ بِخَيْرٍ؟ أَيْنَ وَالِدُكَ؟ مِنْ أَيْنَ أَنْتَ؟ هَلْ تَسْكُنُ قَريبًا؟"

كُنْتُ أَجِدُ صُعوبَةً في الكَلامِ مِنْ فَرْطِ التَّعَبِ، لَكِنَّني قُلْتُ لَها: "لَقَدْ تُهتُ عَنْ أَبي، جِئْنا لِلصَّيْدِ."

المَرْأَةُ: "يا مَرْيَمُ أَسْرِعي، سَخِّني الحَليبَ وَأَحْضِري بَعْضَ الخُبْزِ وَالزَّيْتِ."

أَنا: "هَلْ يُمْكِنُكِ مُساعَدَتي؟"

المَرْأَةُ: "نَعَمْ بِالطَّبْعِ! لا تَخَفْ، كُلُّ شَيْءٍ بِخَيْرٍ، اِطْمَئِنَّ. سَيَأْتي زَوْجي بَعْدَ نِصْفِ ساعَةٍ. وَسَيَأْخُذُكَ بِشاحِنَتِهِ إِلى وَالِدِكَ. إِنَّهُ يَعْرِفُ هَذا المَكانَ جَيِّدًا، سَيُعيدُكَ إِلى وَالِدِكَ سالِمًا مُطْمَئِنًّا. لا تَخَفْ."

أَنا: "أَشْكُرُكِ، أَنا خائِفٌ، بِتُّ وَحْدي في الغابَةِ وَهاجَمَني ذِئْبٌ."

[20:08]

I followed the flock until I reached a large farm.

There were cows, sheep, trucks, and people working early in the morning. As soon as they saw me, a woman ran toward me and said: “My boy! Are you alright? Where is your father? Where are you from? Do you live nearby?”

I was struggling to speak from exhaustion, but I managed to say: “I got lost from my father—we came here to hunt.”

The woman: “Maryam, hurry! Heat some milk and bring some bread and olive oil.”

Me: “Can you help me?”

The woman: “Of course! Don’t be afraid, everything is alright, stay calm. My husband will be here in half an hour. He’ll take you in his truck to your father. He knows this area well—he’ll return you safely. Don’t worry.”

Me: “Thank you... I was so scared. I spent the night alone in the forest, and a wolf attacked me.”

المَرْأَةُ: "بِسْمِ اللهِ عَلى وَلَدي... يا مَرْيَمُ أَيْنَ أَنْتِ؟"

مَرْيَمُ: "ها أَنا قادِمَةٌ، ها أَنا قادِمَةٌ!"

وَضَعَتْ لي بَعْضَ الزَّيْتِ وَكَأْسَ حَليبٍ، شَرِبْتُهُ دَفْعَةً واحِدَةً. كانَ أَطْيَبَ حَليبٍ ذُقْتُهُ في حَياتي، لا أَدْري هَلْ لِأَنَّهُ طازَجٌ أَمْ لِأَنَّني كُنْتُ أَتَضَوَّرُ جوعًا. أَخَذْتُ خُبْزَ الطّابونِ السّاخِنَ وَغَمَسْتُهُ في الزَّيْتِ، كُنْتُ آكُلُ كَأَنَّني لَمْ آكُلْ مُنْذُ قَرْنٍ. يَبْدو أَنَّ الغابَةَ تُثيرُ الجوعَ!

هَذِهِ المَرْأَةُ ما أَطْيَبَها، كَأَنَّني ابْنُها، هَكَذا تَهْتَمُّ بي.

المَرْأَةُ: "كُلْ كُلْ، لا تَخْجَلْ، يا بُنَيَّ لا بُدَّ أَنَّكَ جُعْتَ، لَقَدْ قَضَيْتَ لَيْلَةً كامِلَةً بِدونِ طَعامٍ."

أَنا: "واللهِ إِنّي مَيِّتٌ مِنَ الجوعِ."

المَرْأَةُ: "هَذا ابْني إِبْراهيمُ."

أَنا: "السَّلامُ عَلَيْكُمْ."

إِبْراهيمُ: "وَعَلَيْكُمُ السَّلامُ! هَلْ جِئْتَ لِلصَّيْدِ وَضَلَلْتَ الطَّريقَ؟"

أَنا: "نَعَمْ، ظَلَلْتُ أَبْحَثُ عَنْ أَبي وَلَمْ أَجِدْهُ، وَسَقَطْتُ في النَّهْرِ."

[21:21]

The woman: “In the name of God, my dear child... Maryam! Where are you?”

Maryam: “I’m coming, I’m coming!”

She placed some olive oil and a cup of warm milk in front of me. I drank it all in one go. It was the best milk I had ever tasted—I didn’t know if it was because it was fresh or because I was starving. I took a piece of hot taboon bread and dipped it in the oil. I ate as if I hadn’t eaten in a century. It seemed like the forest really built up my appetite!

This woman—how kind she was! It was as if I were her own son. She took care of me.

The woman: “Eat, eat, don’t be shy. My boy, you must be starving. You spent a whole night without food.”

Me: “By God, I’m starving!”

The woman: “This is my son, Ibrahim.”

Me: “Peace be upon you.”

Ibrahim: “And peace be upon you! Did you come for hunting and lose your way?”

Me: “Yes, I kept looking for my father but couldn’t find him, and I fell into the river.”

المَرْأَةُ: "لا تَخَفْ يا بُنَيَّ، سَيَعودُ كُلُّ شَيْءٍ كَما كانَ... ها هُوَ عَمُّكَ مُحَمَّدٌ قَدْ جاءَ."

مُحَمَّدٌ: "السَّلامُ عَلَيْكُمْ!"

المَرْأَةُ: "وَعَلَيْكُمُ السَّلامُ! يا مُحَمَّدُ، هَذا فَتًى جاءَ مَعَ الصَّيّادينَ وَضَلَّ الطَّريقَ وَوَجَدَ مَكانَنا، خُذْهُ إِلى وَالِدِهِ."

أَنا: "كُنْتُ مَعَ أَبي، اِفْتَرَقْنا عِنْدَ نَهْرٍ، ثُمَّ سَقَطْتُ وَلَمْ يَنْتَبِهْ. أُغْمِيَ عَلَيَّ، لا بُدَّ أَنَّهُ يَقْلِبُ الدُّنْيا بَحْثًا عَنّي."

مُحَمَّدٌ: "هَلْ أَنْتَ وَليدٌ؟"

أَنا: "نَعَمْ، أَنا هُوَ!"

مُحَمَّدٌ: "والِدُكَ يَبْحَثُ عَنْكَ. رَآني بِالأَمْسِ وَسَأَلَني عَنْكَ، فَقُلْتُ لَهُ إِنْ رَأَيْتُكَ سَأُخْبِرُهُ."

أَنا: "لا توجَدُ شَبَكَةٌ. لَمْ أَسْتَطِعِ الِاتِّصالَ بِهِ."

مُحَمَّدٌ: "لا تَخَفْ، سَآخُذُكَ إِلَيْهِ الآنَ. هَيّا ارْكَبْ في الشّاحِنَةِ... سَأَعودُ بَعْدَ قَليلٍ."

أَنا: "مَعَ السَّلامَةِ يا خالَتي، شُكْرًا لَكِ."

[22:36]

The woman: “Don’t worry, my son. Everything will be back to normal… Look, your uncle Muhammad has arrived.”

Muhammad: “Peace be upon you!”

The woman: “And peace be upon you! Muhammad, this boy came with the hunters, got lost, and found our place. Take him to his father.”

Me: “I was with my father, but we got separated at a river. Then I fell, and he didn’t notice. I fainted—he must be turning the world upside down looking for me.”

Muhammad: “Are you Walid?”

Me: “Yes, I am!”

Muhammad: “Your father is looking for you. He saw me yesterday and asked me about you, and I told him that if I saw you, I’d let him know.”

Me: “There’s no signal. I couldn’t contact him.”

Muhammad: “Don’t worry, I’ll take you to him now. Come on, hop in the truck… I’ll be back soon.”

Me: “Goodbye, Auntie. Thank you!”

المَرْأَةُ: "يا بُنَيَّ، لَيْسَ هَذا فَضْلًا، أَنْتَ مِثْلُ ابْني، وَإِنْ شاءَ اللهُ تَجِدُ وَالِدَكَ وَتَعودُ سالِمًا... تَعالَ وَزُرْني وَالعَبْ أَنْتَ وَإِبْراهيمُ، سَيُريكَ المِنْطَقَةَ جَيِّدًا."

أَنا: "نَعَمْ نَعَمْ، إِنْ شاءَ اللهُ سَأَعودُ في وَقْتٍ أَفْضَلَ."

مُحَمَّدٌ: "هَيّا، فَقَدْ تَأَخَّرَ الوَقْتُ. هَيّا يا فَتى! وَالِدُكَ يَكادُ يَفْقِدُ عَقْلَهُ."

وَبَدَأْنا نَسيرُ بِالشّاحِنَةِ، وَبَدَأْتُ أَشْعُرُ أَنَّني سَأَصِلُ إِلى أَبي. أَتُراهُ غاضِبٌ مِنّي؟

مُحَمَّدٌ: "أَيْنَ تَسْكُنُ؟"

أَنا: "في تونِسَ."

مُحَمَّدٌ: "أَيْنَ في تونِسَ؟"

أَنا: "في بِنْ عَروسَ."

مُحَمَّدٌ: "أَعْرِفُ بِنْ عَروسَ، ذَهَبْتُ إِلَيْها مَرّاتٍ كَثيرَةً لِأَحْمِلَ الخُضْرَواتِ إِلى السّوقِ المَرْكَزِيِّ."

أَنا: "لَيْسَ بَعيدًا عَنْ مَنْزِلِنا."

[23:45]

The woman: “My son, this is not a favor. You are like my own child, and God willing, you will find your father and return safely… Come visit me and play with Ibrahim—he will show you the area well.”

Me: “Yes, yes, God willing, I will return at a better time.”

Muhammad: “Come on, it’s getting late. Let’s go, boy! Your father is about to lose his mind.”

We started driving in the truck, and I began to feel that I was finally going to reach my father. Would he be angry with me?

Muhammad: “Where do you live?”

Me: “In Tunisia.”

Muhammad: “Where in Tunisia?”

Me: “In Ben Arous.”

Muhammad: “I know Bin Arous; I’ve been there many times to transport vegetables to the central market.”

Me: “It’s not far from our home.”

مُحَمَّدٌ: "وَكَيْفَ حالُكَ في الدِّراسَةِ؟"

أَنا: "أَحْرَزْتُ المَرْكَزَ الأَوَّلَ في صَفّي هَذا الفَصْلَ."

مُحَمَّدٌ: "أَحْسَنْتَ! أَحْسَنْتَ! إِبْراهيمُ الأَوَّلُ في صَفِّهِ كَذَلِكَ. كَما تَعْرِفُ، لا حاجَةَ لِأَنْ أوصِيَكَ! الدِّراسَةُ أَهَمُّ شَيْءٍ! يَجِبُ أَنْ تَهْتَمَّ بِها حَتّى تَجِدَ عَمَلًا جَيِّدًا في المُسْتَقْبَلِ وَتُسْعِدَ وَالِدَيْكَ وَتَكونَ راضِيًا عَنْ نَفْسِكَ!"

شَعَرْتُ في كَلامِ عَمِّ مُحَمَّدٍ بِمَعْرِفَةٍ كَثيرَةٍ لَمْ أَكُنْ أَتَوَقَّعُها مِنْ فَلّاحٍ. كانَ كَلامُهُ كُلُّهُ في مَحَلِّهِ وَشَعَرْتُ أَنَّهُ لَمْ يَتْرُكْني لِأَفْكاري.

أَرادَ أَنْ يُريحَني مِنَ الخَوْفِ مِنْ أَبي.

ظَلَّ يَتَحَدَّثُ مَعي عَنْ كُرَةِ القَدَمِ، وَأَخْبَرَني عَنْ فَريقِهِ المُفَضَّلِ، وَكَيْفَ فازَ بِالبُطولَةِ، وَبَعْدَ ذَلِكَ حَدَّثَني عَنِ ابْنِهِ الَّذي يَعْمَلُ في الخارِجِ وَكَيْفَ يَتَّصِلُ بِهِ كُلَّ يَوْمٍ لِأَنَّهُ يَشْتاقُ إِلَيْهِ.

[24:48]

Muhammad: “And how are you doing in school?”

Me: “I ranked first in my class this term.”

Muhammad: “Well done! Well done! Ibrahim is also first in his class. As you know, there’s no need for me to remind you—education is the most important thing! You must focus on it so that you can find a good job in the future, make your parents proud, and feel satisfied with yourself!”

In Uncle Muhammad’s words, I sensed a depth of knowledge that I hadn’t expected from a farmer. Everything he said made perfect sense, and I felt like he wasn’t leaving me alone with my thoughts.

He wanted to ease my fear of my father.

He kept talking to me about football, telling me about his favorite team and how they won the championship. Then, he spoke about his son, who worked abroad, and how he called him every day because he missed him.

تَحَدَّثْنا عَنْ مَوْضوعاتٍ كَثيرَةٍ. زالَ الخَوْفُ، وَعُدْتُ أرى الدُّنْيا مِنْ مَنْظورٍ إيجابِيٍّ، أَعْطاني جَرَّةَ عَسَلٍ قائِلًا: "عِنْدَما تَصِلُ أَعْطِها لِوالِدِكَ وَقُلْ لَهُ إِنَّ عَمَّكَ مُحَمَّدًا يُسَلِّمُ عَلَيْكَ كَثيرًا."

وَصَلْنا إِلى حَيْثُ السَّيّاراتُ، نَزَلْتُ مِنَ الشّاحِنَةِ أَجْري نَحْوَ سَيّارَتِنا. سَمِعْتُ صَوْتَ شَخْصٍ يَبْكي.

بَدَأْتُ أَقْتَرِبُ، فَوَجَدْتُهُ أَبي يَبْكي وَيُكَلِّمُ أُمّي عَلى الهاتِفِ.

أَبي: "لَنْ أَعودَ حَتّى أَجِدَهُ! لا يَهُمُّني شَيْءٌ! لَنْ أَعودَ، وَقَدْ كَلَّمْتُ الشُّرْطَةَ، سَأُفَتِّشُ الجَبَلَ كُلَّهُ! سَأَجِدُهُ حَتّى لَوْ كانَ في بَطْنِ حوتٍ! اِنْتَبِهي لِنَفْسِكِ وَلِلصِّغارِ وَلا تَقْلَقي عَلَيَّ، سَأَتَّصِلُ بِكِ عِنْدَما أَعودُ إِلى حَيْثُ السَّيّارَةُ لِأَنَّهُ لا توجَدُ شَبَكَةٌ. لا تَقْلَقي."

أَنا: "يا أَبي!"

أَبي: "وَليدُ!"

وَارْتَمَيْتُ بَيْنَ ذِراعَيْهِ وَعانَقْتُهُ.

[25:54]

We talked about many things. The fear faded, and I started seeing the world from a positive perspective again. He handed me a jar of honey, saying, "When you get home, give this to your father and tell him that Uncle Muhammad sends his warmest regards."

We arrived where the cars were parked. I jumped out of the truck and ran toward our car. I heard someone crying.

As I got closer, I saw that it was my father, crying while talking to my mother on the phone.

Father: "I won't come back until I find him! I don't care about anything! I won't return! I've already called the police—I'll search the entire mountain! I'll find him even if he's in the belly of a whale! Take care of yourself and the kids, and don't worry about me. I'll call you when I get back to the car because there's no signal here. Don't worry."

Me: "Dad!"

Father: "Walid!"

I threw myself into his arms and hugged him tightly.

أَبي: "وَليدُ! أَيْنَ كُنْتَ يا...!"

أَنا: "يا أَبي، سامِحْني، وَاللهِ لَنْ أَفْعَلَها مَرَّةً أُخْرى وَلَنْ أَبْتَعِدَ عَنْكَ أَبَدًا، وَاللهِ."

وَعانَقْتُهُ وَأَنا أَرْتَجِفُ، شَعَرْتُ أَنَّهُ كانَ غاضِبًا مِنّي. وَعِنْدَما رَآني خائِفًا وَمُرْتَجِفًا، فَهِمَ القِصَّةَ وَقالَ لي: "لا بَأْسَ، المُهِمُّ أَنَّكَ بِأَمانٍ."

أَنا: "نَعَمْ، أَنا بِخَيْرٍ، بِخَيْرٍ."

أَبي: "مَنْ جاءَ بِكَ إِلى هُنا؟ قَلَبْتُ الدُّنْيا بَحْثًا عَنْكَ! أَعْطَيْتُ الكِلابَ قَميصَكَ لِيَشُمّوهُ وَيَبْحَثوا عَنْكَ، قَضَيْتُ اليَوْمَ كُلَّهُ في الجَبَلِ!"

أَنا: "ظَلَلْتُ أَبْحَثُ حَتّى وَجَدْتُ مَنْزِلَ عَمِّ مُحَمَّدٍ، فَأَوْصَلَني إِلى هُنا."

أَبي: "بارَكَ اللهُ في وَالِدَيْكَ يا مُحَمَّدُ! بِدونِكَ اللهُ أَعْلَمُ ماذا كانَ سَيَحْدُثُ لَنا."

مُحَمَّدٌ: "لا داعِيَ لِلشُّكْرِ، نَحْنُ إِخْوَةٌ."

أَبي: "هَيّا هَيّا ارْكَبْ وَأَكْمِلْ لي الحِكايَةَ في السَّيّارَةِ. أُمُّكَ سَتَقْتُلُنا اليَوْمَ."

[27:05]

Father: "Walid! Where were you, you...!"

Me: "Dad, forgive me! I swear I'll never do this again. I'll never wander away from you again, I swear!"

I hugged him while trembling. I felt that he was angry with me, but when he saw how scared and shaken I was, he understood what had happened and said, "It's okay. The important thing is that you're safe."

Me: "Yes, I'm fine, I'm fine."

Father: "Who brought you here? I turned the world upside down looking for you! I gave the dogs your shirt so they could track your scent and search for you. I spent the entire day in the mountain!"

Me: "I kept searching until I found Uncle Muhammad's house, and he brought me here."

Father: "May God bless your parents, Muhammad! Without you, only God knows what would have happened to us."

Muhammad: "No need to thank me—we are brothers."

Father: "Come on, come on, get in the car and finish telling me the story. Your mother is going to kill us today."

ARABIC TEXT WITHOUT TASHKEEL

For a more authentic reading challenge, read the story without the aid of diacritics (tashkeel) and the parallel English translation.

وحدي في الجبل

جاء أكتوبر، وكل صياد أو ابن صياد يعرف أن موسم الصيد قد بدأ. أما بالنسبة لي، فهذا الشهر أكثر من مجرد موسم صيد.

سأذهب للصيد لأول مرة كالكبار. سأتجول في الجبل، وسأعتمد على نفسي وأثبت أنني قادر على إدارة الأمور بمفردي.

منذ بداية الأسبوع وأنا أتنقل من سوق إلى سوق أبحث عن أشياء لأشتريها، بحثت عن حذاء جيد أو جوارب سميكة تمنع دخول الشوك.

كنت أقلب في تلك الملابس وأنا في غاية السعادة، أخبر كل من يقابلني أنني سأذهب للصيد.

على أي حال، في يوم السبت، كالعادة، أذهب مع أبي إلى المقهى وأقضي الصباح مع أصدقائه الصيادين، نتحدث عن الصيد والطرائف.

وفي المساء، نحضر طعامنا وملابسنا وأغراضنا.

كنت أحضر نفسي في الليل، وأتخيل المكان الذي سنذهب إليه. جاءت أمي، دخلت إلى الغرفة وشعرت من نظرتها أنها قلقة، ولكنني تظاهرت بأنني لم ألاحظ.

أمي: "يا بني، أرجوك افعل كما أوصيتك. ستبقون بالخارج يومين وتلك ليست فترة قصيرة. أريدك أن تنتبه لنفسك."

أنا: "يا أمي، لقد كبرت، عمري ستة عشر عاما، الآن يمكنك أن تعتمدي علي."

أمي: "نعم، أعرف أنك كبرت وأستطيع الاعتماد عليك، وأعرف أنك تستطيع الاعتناء بنفسك. ولكن أرجوك لا تبتعد عن والدك وكل جيدا. لقد حضرت لك الكثير من الأشياء، لا تبق جائعا يا بني واتصل بي من وقت لآخر لتطمئنني."

أنا: "اطمئني يا أمي، لديك رجل حقيقي."

في الصباح الباكر من اليوم التالي، استيقظنا في الرابعة صباحا، صلينا الفجر ثم تناولنا الإفطار. ذهبت لإنزال الكلاب من السطح بينما انتظرني أبي أمام البيت بالخارج.

كنت سعيدا سعادة لا توصف. ركبنا السيارة وتوجهنا إلى ماطر في ولاية بنزرت. وبعد ساعتين أو أكثر على الطريق، وصلنا إلى المكان الذي سنصيد فيه، وبدأنا رحلة البحث عن طيور الحجل والأرانب، وتفقدنا كل ناحية من الجبل.

بدأنا نمشي في الجبال ونشاهد الحجل يطير.

يا لها من فرحة وحماس لا أستطيع وصفهما!

أصاب أبي أول حجل وأعطاني إياه: "أمسكه وضعه في الجراب، انتبه لا تسقطه!"

وفي تلك الأثناء، قفزت ديانا [الكلبة] في جحر وأخرجت أرنبا. أصابه أبي أيضا، والآن صار لدينا اثنان! يا له من يوم سعيد!

وبينما كنت أتجول في الجبل، أحببت المكان كثيرا. كل شيء أخضر ومزهر، والمنظر رائع، وترى بيوتا على قمة الجبل، لا تجاورها أي طرق، تجعلك تتساءل كيف يستطيعون العيش وكيف يقضون حاجاتهم. ولكنها أيضا تشعرك بالامتنان حين ترى طفلا في عمرك ينزل على حمار ليملأ الماء، وتجد من هم أصغر منك يرعون الأغنام. ولكن الشيء المشترك بينهم هو الابتسامة وترحيبهم بالناس، يشعرونك أنك منهم، وعندما تحتاج شيئا يساعدونك.

اقتربت الساعة من العاشرة والنصف صباحا، بعد حوالي ثلاث ساعات من المشي والتعب، قررنا أن نستريح قليلا، وأن نأكل شيئا قبل أن نواصل مغامرتنا.

أنا: "يا أبي، متى كانت أول مرة ذهبت فيها للصيد؟"

أبي: "يا للذكرى! أتذكر... كان ذلك عام 1971، كان عمري حينها مثل عمرك أو أكبر منك بعام."

أنا: "هل وجدتم الكثير من الحجل؟"

أبي: "أوه، الكثير! في ذلك الوقت لم يكن هناك فساد ولا صيد ممنوع، كان الناس منظمون يحترمون أوقات الصيد."

أنا: "سترى اليوم كم سنصطاد! أشعر بالحظ الوفير."

أبي: "هيا هيا، قم يكفيك ما استرحت. ما زال النهار طويلا والجبل كبير."

"وبينما نحن نمشي ونوشك على دخول غابة كبيرة، قال لي أبي: "انتبه أين تمشي وأبق عينيك علي ولا تبتعد. ستنزل من هنا وأنا سأمر من هنا ونتقابل في نهاية النهر."

أنا: "حسنا."

وبينما أنا أمشي في الجبل لاحظت شجر الصنوبر وأشياء أخرى جميلة، باختصار كان المكان جميلا جدا، لدرجة أنني بدأت أسرح في المنظر. والتفت لأجد بحيرة كبيرة بجانبي مليئة بالإوز. وقفت أتفرج عليه وأنا لا أنتبه أن أبي قد اختفى من نظري. عندما عدت إلى الواقع نظرت فلم أجد أبي. ارتبكت. إنها أول مرة في حياتي أبتعد عن أبي، وفي غابة أيضا. كل ذلك الجمال تحول إلى خوف وبدأت أتخيل أشياء.

بدأت أمشي وأسرع شيئا فشيئا حتى أصبحت أجري وأصرخ مناديا.

أنا: "يا أبي! يا أبي! أين أنت؟ انتظر!"

لا صوت. لا إجابة. ماذا سأفعل الآن؟ زادت هلاوسي وأصبحت أجري كالمجنون في تلك الغابة وأجري وأجري، وفجأة زلقت في منحدر وسقطت على ضفة النهر.

فتحت عيني. لم أستطع الحركة من قوة الضربة. حاولت النهوض ولكنني لم أستطع، وأغمي علي.

في تلك اللحظة حلمت أحلاما كثيرة. شعرت كأنني أتحرك ولكنني كنت أحلم. وبعد حوالي ساعة شعرت برأسي ثقيلا وبدأت أستفيق.

فتحت عيني. فقدت الذاكرة. لا أتذكر أي شيء.

"لماذا أنا هنا؟ أين أبي؟"

آخر شيء أتذكره البحيرة التي أعجبتني، لكنني الآن على ضفة نهر وسروالي مبلل بالماء.

عندما أدركت أنني وحدي ولا أحد بجانبي، عاد إلي الخوف. لذا، بدأت أهدئ نفسي.

ثم قلت: "لا بأس، لا بأس، ستنتهي الأمور على خير. لا تخف، ستجد حلا."

سأحاول البحث عن أبي، فهو بالتأكيد قد افتقدني وعاد ليبحث عني.

كنت أمشي في وسط الغابة وكأنني في متاهة، أسير من جهة لأجد نفسي في مكان آخر، أعود أدراجي لأجد نفسي في مكان مختلف.

يا له من حظ سيئ! ما الحل الآن؟

بدأ قلبي يخفق، وبدأت في قراءة القرآن، كان كل صوت أسمعه يخيفني.

كنت في مكان أزوره لأول مرة. ما من صياد بجانبي لأسأله. لا أحد على الإطلاق. لا أرى سوى نهر خلفي وجبل عال أمامي لا أستطيع تسلقه.

تشجعت قليلا وقفزت إلى مكان منخفض، وبدأت أجري وأنادي: "يا أبي! يا أبي! يا حافظ!"

ثم سمعته ينادي: "وليد! أين أنت يا وليد؟"

كان الصوت يبتعد وأنا أكافح لأرى أبي. كنت أجري وأتعثر وأسقط ثم أجري من جديد وأنا لا أشعر بأي شيء، إلا بقلبي الذي يكاد يخرج من صدري.

أخرجت الهاتف وحاولت الاتصال، ولكن لم تكن هناك شبكة. كنت أجري وأحمل الهاتف ولم يكن هناك أحد، لا شيء، لا جدوى.

بدأت أتعب، وبدأت السيناريوهات تتوارد إلى ذهني. سأبقى هنا وحدي ولن يجدني أحد، لقد ابتعدت عن مكاني وأنا تائه في وسط الأشجار والشوك، الله وحده يعلم أين أنا.

جلست على صخرة كبيرة، لا أعرف ماذا أفعل، كان قلبي يخفق بعنف، ويداي ترتعشان.

أين سأذهب؟ أبي بالتأكيد قلق علي.

الحل الوحيد أن أجد طريقة للعودة إلى السيارة وهناك سأنتظره حتى يعود.

بدأت أمشي يائسا وعلى غير هدى.

"يا ربي، يا ربي! ساعدني يا ربي لأجد أبي!"

ترى، هل هناك ذئاب؟

ماذا لو هاجمني ذئب؟

وماذا لو لم أصل؟ كيف سأقضي الليل في الجبل وحدي؟

"يا ربي!"

ظللت أتجول من مكان إلى آخر على أمل أن أجد أحدا. لا طائر يطير ولا إنسان يسير. كان المكان موحشا وفارغا. استرحت قليلا لأن ألم ساقي بدأ يشتد وأصبحت بالكاد أستطيع المشي. وجدت لوحا خشبيا فاستخدمته لأتوكأ عليه، ولأدافع به عن نفسي إن حدث شيء. بدأت أيأس، فجلست مرة أخرى، والتفت فجأة، لأجد غزالا أمامي.

لم أصدق! نسيت الهم والألم وجلست أتأمل أجمل لحظة في حياتي، شعرت أن الأمل بدأ يعود.

زال التوتر وبدأ عقلي يعمل.

قلت: "ما دام هناك نهر، فلا بد أن أجد راعيا يأتي بأغنامه لتشرب. سأبقى قريبا من الضفة. قد تنجح الخطة."

كان أبي دائما يقول إن الماء أمان. اتبعت النهر لساعات ولكن لم أجد شيئا. كان هاتفي لا يعمل. الشمس توشك على الغروب وأنا ما زلت لم أجد الطريق، وبدأ الخوف يسيطر علي.

لا أصدق! مستحيل أن أستطيع قضاء الليل في الجبل وحدي!

وفجأة، سمعت صوتا مرعبا ورأيت ظلا أسود.

ذئب! ذئب! والله إنه ذئب!

تجمدت في مكاني، العرق يتصبب، قلبي يخفق. أشعر أن الدنيا توقفت، لا أستطيع تحريك جسدي وهو يحدق في.

شعرت أن النهاية اقتربت. كان أسوأ موقف شعرت به في حياتي.

بدأ الذئب يزمجر نحوي بينما اجتاحني الرعب. بدأت أتراجع ببطء والذئب في مكانه ينظر إلي وأنا أتراجع.

لم أستطع النطق ببنت شفة، كنت أرتعش. في أي لحظة سيهجم علي.

كانت أنيابه بارزة ولعابه يسيل.

كان أسود بالكامل، وعيناه فاتحتان تحدقان في أنا فقط.

لم أعد أعرف ماذا أفعل.

يا إلهي! قلبي يكاد يقفز.

إن أصدرت صوتا هل سيهجم علي؟ أخشى هذا. يجب ألا أجري، فربما يظن أنني خائف ويقفز علي ليفترسني.

يجب أن أستجمع شجاعتي وأشعره أنني لست فريسة.

لن أدعه يتغلب علي.

اهدأ ولا تخف.

الكلام سهل ولكن الفعل يأتي من الله.

وبينما كنت واقفا في مكاني، لم أستطع رؤية ما خلفي، خطوت خطوة في الفراغ فسقطت من فوق تبة.

الحمد لله لم تكن مرتفعة كثيرا.

شعرت بألم في ساقي ويدي، وشعرت بالدم يسيل، ولكن استجمعت قواي ونهضت.

واختبأت بجانب شجيرة.

يا إلهي! عاد الذئب! ماذا سأفعل؟ لا بد أنه شم رائحتي.

تجمدت في مكاني.

اقتربت زمجرة الذئب وأرعبتني. ظللت أحدق فيه وهو يقترب مني شيئا فشيئا، يتشمم حولي، ولكنه لا يراني.

التفت لأجد حجرا بجانبي، وبكل قوتي رميته خلفي، سمع الذئب الصوت وذهب يجري نحوه. في تلك اللحظة بدأت أجري إلى الجهة الأخرى- الله

أعلم كيف - حتى ابتعدت في وسط الغابة. كنت أجري وأنظر خلفي خائفا أن يراني الذئب.

نزلت إلى حقل كبير. بدأت خطواتي تثقل والآلام تزداد علي.

كانت ركبتي ويدي مجروحتان وأنا أحمل نفسي بصعوبة.

أخرجت قارورة الماء لأجدها قد تسرب ماؤها عندما سقطت.

وجدت قليلا من الماء في قاع القارورة، شربته. ووجدت شجرة فاتكأت عليها لأستريح قليلا. لا أدري ما الذي أخافني بالضبط: أنني كنت وحيدا في الجبل، أم أن ذئبا كان يبحث عني! كل شيء اجتمع معا.

وبينما أنا جالس، وجدت مغارة ليست مرتفعة. ركضت إليها، دخلت وظللت متحفزا.

أين الذئب؟ هل تتبع أثري؟ هل نجحت في الهرب منه؟

ترى، أهو بالجوار؟ يجب ألا أصدر أي صوت.

كنت ألهث وقلبي يخفق ولا أستطيع حبس أنفاسي.

يا إلهي، أرجو ألا يكون قد رآني! أرجو أن أكون نجحت في الهرب منه!

كنت أرتجف في تلك المغارة وأبتلع ريقي بصعوبة حتى هدأ كل شيء وشعرت ببعض الأمان.

خرجت وجلست في الظل ونظرت إلى السماء لأجدها بدأت تغيم. شعرت أن المطر سيهطل قريبا. أحتاج إلى نار! كيف سأقضي الليلة بدون نار؟

جمعت بعض الحطب، ولحسن حظي وجدت سكين أبي في جيبي، قطعت الحطب وبدأت أبحث عن كيفية إشعال النار.

كانت لدي ولاعة، ولكن الطقس أصبح سيئا وبدأت الريح. كنت أحتاج إلى شيء يشتعل بسرعة ليساعدني على إشعال الحطب.

وبينما أنا جالس، تذكرت كيف كان أبي يشعل النار بسرعة ويمزح معي: "أرأيت سحري؟ كل ما تحتاجه هو قليل من أوراق الأوكالبتوس وستشتعل النار في لحظة..."

ركضت وجمعت بعض أوراق الأوكالبتوس وأشعلتها... في البداية أحدث دخانا كثيرا، ولكنه اشتعل بسرعة. عدت إلى المغارة، وبدأ المطر يهطل. جلست أتدفأ بالنار شاردا: "ما مصيري؟ ماذا سأفعل؟"

كان معي بعض الزبادي أخرجته وبعض الخبز، بدأت آكل منهما وأشاهد الغروب. حل الليل، وصارت الغابة حالكة الظلام.

كانت السماء مرصعة بالنجوم. لم أر سماء كهذه في حياتي. نسيت الخوف وجلست أفكر أي طريق سأسلك غدا.

تذكرت أشياء كثيرة في تلك اللحظة.

تذكرت أمي كيف كانت خائفة علي، وكيف لم آخذ خوفها على محمل الجد.

ولكنني تذكرت أيضا أنها كانت تثق بي، كانت تعلم أنني أستطيع دائما إيجاد مخرج.

شعرت أن دموعي توشك على النزول.

لا بد أن أبي يبحث عني في المطر وأنا لا أستطيع الخروج من فرط الخوف، أنا خائف عليه أيضا من الذئاب. أنا بين المطرقة والسندان.

وضعت حقيبتي تحت رأسي وأغلقت السترة واتكأت حتى غلبني النوم. استيقظت على أذان الفجر. أسمعه من بعيد، فقلت لنفسي: "هناك مسجد! على الأقل قد ألتقي بشخص ما."

أطفأت النار وحملت أغراضي واستأنفت المشي. كان هناك بصيص أمل، حتى الألم قد زال.

ظللت أمشي، على أمل أن أجد أي شخص عابر أو صياد... أي شيء يمكن أن يساعدني أو أي مكان أستطيع فيه الاتصال بأبي لأخبره أنني بخير.

كنت أمشي في وسط الغابة حين رأيت حمامة، لم أعطها اهتماما. ثم رأيت سربا من الحمام. بدأت أتبعهن لأن أبي دائما يقول إن الحمام يحب الناس ودائما تجده بالقرب من البيوت.

ظللت أتبع السرب حتى وصلت إلى مزرعة كبيرة.

كان هناك أبقار وأغنام وشاحنات وأشخاص يعملون في الصباح الباكر. بمجرد أن رأوني، جاءت إلي امرأة تجري وقالت: "يا بني! هل أنت بخير؟ أين والدك؟ من أين أنت؟ هل تسكن قريبا؟"

كنت أجد صعوبة في الكلام من فرط التعب، لكنني قلت لها: "لقد تهت عن أبي، جئنا للصيد."

المرأة: "يا مريم أسرعي، سخني الحليب وأحضري بعض الخبز والزيت."

أنا: "هل يمكنك مساعدتي؟"

المرأة: "نعم بالطبع! لا تخف، كل شيء بخير، اطمئن. سيأتي زوجي بعد نصف ساعة. وسيأخذك بشاحنته إلى والدك. إنه يعرف هذا المكان جيدا، سيعيدك إلى والدك سالما مطمئنا. لا تخف."

أنا: "أشكرك، أنا خائف، بت وحدي في الغابة وهاجمني ذئب."

المرأة: "بسم الله على ولدي... يا مريم أين أنت؟"

مريم: "ها أنا قادمة، ها أنا قادمة!"

وضعت لي بعض الزيت وكأس حليب، شربته دفعة واحدة. كان أطيب حليب ذقته في حياتي، لا أدري هل لأنه طازج أم لأنني كنت أتضور جوعا. أخذت خبز الطابون الساخن وغمسته في الزيت، كنت آكل كأنني لم آكل منذ قرن. يبدو أن الغابة تثير الجوع!

هذه المرأة ما أطيبها، كأنني ابنها، هكذا تهتم بي.

المرأة: "كل كل، لا تخجل، يا بني لا بد أنك جعت، لقد قضيت ليلة كاملة بدون طعام."

أنا: "والله إني ميت من الجوع."

المرأة: "هذا ابني إبراهيم."

أنا: "السلام عليكم."

إبراهيم: "وعليكم السلام! هل جئت للصيد وضللت الطريق؟"

أنا: "نعم، ظللت أبحث عن أبي ولم أجده، وسقطت في النهر."

المرأة: "لا تخف يا بني، سيعود كل شيء كما كان... ها هو عمك محمد قد جاء."

محمد: "السلام عليكم!"

المرأة: "وعليكم السلام! يا محمد، هذا فتى جاء مع الصيادين وضل الطريق ووجد مكاننا، خذه إلى والده."

أنا: "كنت مع أبي، افترقنا عند نهر، ثم سقطت ولم ينتبه. أغمي علي، لا بد أنه يقلب الدنيا بحثا عني."

محمد: "هل أنت وليد؟"

أنا: "نعم، أنا هو!"

محمد: "والدك يبحث عنك. رآني بالأمس وسألني عنك، فقلت له إن رأيتك سأخبره."

أنا: "لا توجد شبكة. لم أستطع الاتصال به."

محمد: "لا تخف، سآخذك إليه الآن. هيا اركب في الشاحنة... سأعود بعد قليل."

أنا: "مع السلامة يا خالتي، شكرا لك."

المرأة: "يا بني، ليس هذا فضلا، أنت مثل ابني، وإن شاء الله تجد والدك وتعود سالما... تعال وزرني والعب أنت وإبراهيم، سيريك المنطقة جيدا."

أنا: "نعم نعم، إن شاء الله سأعود في وقت أفضل."

محمد: "هيا، فقد تأخر الوقت. هيا يا فتى! والدك يكاد يفقد عقله."

وبدأنا نسير بالشاحنة، وبدأت أشعر أنني سأصل إلى أبي. أتراه غاضب مني؟

محمد: "أين تسكن؟"

أنا: "في تونس."

محمد: "أين في تونس؟"

أنا: "في بن عروس."

محمد: "أعرف بن عروس، ذهبت إليها مرات كثيرة لأحمل الخضروات إلى السوق المركزي."

أنا: "ليس بعيدا عن منزلنا."

محمد: "وكيف حالك في الدراسة؟"

أنا: "أحرزت المركز الأول في صفي هذا الفصل."

محمد: "أحسنت! أحسنت! إبراهيم الأول في صفه كذلك. كما تعرف، لا حاجة لأن أوصيك! الدراسة أهم شيء! يجب أن تهتم بها حتى تجد عملا جيدا في المستقبل وتسعد والديك وتكون راضيا عن نفسك!"

شعرت في كلام عم محمد بمعرفة كثيرة لم أكن أتوقعها من فلاح. كان كلامه كله في محله وشعرت أنه لم يتركني لأفكاري.

أراد أن يريحني من الخوف من أبي.

ظل يتحدث معي عن كرة القدم، وأخبرني عن فريقه المفضل، وكيف فاز بالبطولة، وبعد ذلك حدثني عن ابنه الذي يعمل في الخارج وكيف يتصل به كل يوم لأنه يشتاق إليه.

تحدثنا عن موضوعات كثيرة. زال الخوف، وعدت أرى الدنيا من منظور إيجابي، أعطاني جرة عسل قائلا: "عندما تصل أعطها لوالدك وقل له إن عمك محمدا يسلم عليك كثيرا."

وصلنا إلى حيث السيارات، نزلت من الشاحنة أجري نحو سيارتنا. سمعت صوت شخص يبكي.

بدأت أقترب، فوجدته أبي يبكي ويكلم أمي على الهاتف.

أبي: "لن أعود حتى أجده! لا يهمني شيء! لن أعود، وقد كلمت الشرطة، سأفتش الجبل كله! سأجده حتى لو كان في بطن حوت! انتبهي لنفسك وللصغار ولا تقلقي علي، سأتصل بك عندما أعود إلى حيث السيارة لأنه لا توجد شبكة. لا تقلقي."

أنا: "يا أبي!"

أبي: "وليد!"

وارتميت بين ذراعيه وعانقته.

أبي: "وليد! أين كنت يا...!"

أنا: "يا أبي، سامحني، والله لن أفعلها مرة أخرى ولن أبتعد عنك أبدا، والله."

وعانقته وأنا أرتجف، شعرت أنه كان غاضبا مني. وعندما رآني خائفا ومرتجفا، فهم القصة وقال لي: "لا بأس، المهم أنك بأمان."

أنا: "نعم، أنا بخير، بخير."

أبي: "من جاء بك إلى هنا؟ قلبت الدنيا بحثا عنك! أعطيت الكلاب قميصك ليشموه ويبحثوا عنك، قضيت اليوم كله في الجبل!"

أنا: "ظللت أبحث حتى وجدت منزل عم محمد، فأوصلني إلى هنا."

أبي: "بارك الله في والديك يا محمد! بدونك الله أعلم ماذا كان سيحدث لنا."

محمد: "لا داعي للشكر، نحن إخوة."

أبي: "هيا هيا اركب وأكمل لي الحكاية في السيارة. أمك ستقتلنا اليوم."

COMPREHENSION QUESTIONS

1. مَتى جَرَت أَحْداثُ القِصَّةِ؟
2. كَمْ كانَ عُمْرُ الفَتى وَما اسْمُهُ؟
3. ماذا اصْطادا قَبْلَ أَنْ يَتوهَ الوَلَدُ؟
4. كَيْفَ تاهَ الوَلَدُ؟
5. أَيْنَ باتَ الوَلَدُ في اللَّيْلِ؟
6. ما الَّذي ساعَدَهُ في إيجادِ الطَّريقِ؟
7. ماذا كانَ وَالِدُهُ يَفْعَلُ عِنْدَما كانَ تائِهًا؟
8. ماذا قَدَّمَتْ لَهُ المَرْأَةُ في المَزْرَعَةِ؟
9. كَيْفَ هَرَبَ مِنَ الذِّئْبِ؟
10. ماذا فَعَلَ لِيَتَدَفَّأَ في المَغارَةِ؟
11. مَنْ هُوَ مُحَمَّدٌ؟
12. كَيْفَ عَرَفَ الوَلَدُ أَنَّهُ قَريبٌ مِنَ النَّاسِ؟
13. ماذا جَلَبَ عَمُّ مُحَمَّدٍ لِوالِدِهِ؟
14. لِماذا لَمْ يَتَّصِلِ الوَلَدُ بِوالِدِهِ بِالهاتِفِ؟
15. ماذا فَعَلَ وَالِدُهُ بِالكِلابِ؟
16. مَتى بَدَأَ يَشْعُرُ بِالأَمانِ؟
17. مِمَّ كانَ يَخافُ أَكْثَرَ شَيْءٍ؟
18. كَيْفَ اسْتَطاعَ إِشْعالَ النَّارِ؟
19. ماذا كانَ يَفْعَلُ وَالِدُهُ عِنْدَما وَجَدَهُ؟
20. لِماذا لَمْ يَعُدْ وَالِدُهُ إِلى البَيْتِ قَبْلَ أَنْ يَجِدَهُ؟

1. When did the story take place?
2. How old was the boy, and what was his name?
3. What had they hunted before the boy got lost?
4. How did the boy get lost?
5. Where did the boy spend the night?
6. What helped him find his way?
7. What was his father doing while he was lost?
8. What did the woman at the farm give him?
9. How did he escape from the wolf?
10. What did he do to keep warm in the cave?
11. Who was Mohammad?
12. How did the boy know he was close to people?
13. What did Uncle Mohammad bring for his father?
14. Why didn't the boy call his father on the phone?
15. What did his father do with the dogs?
16. When did he start feeling safe?
17. What was he most afraid of?
18. How was he able to make fire?
19. What was his father doing when he found him?
20. Why didn't his father return home before finding him?

Answers to the Comprehension Questions

1. في شْهر أُكْتوبِر.
2. اسْمو وَليد وعُمْرو سِتّة عْشر سْنة.
3. صادو حْجل وأرْنِب.
4. كان يِتْفرّج في البْحيرة والوِزّ وما خْذاش بالو من بوه.
5. بات في مغارة.
6. الحْمام هُوَ إلّي دلّو عْلى الفيرْمة.
7. كان يْلوّج عْليه في الجْبل وكلّم الحاكِم.
8. عْطاتو حْليب وخُبْز وزيت.
9. رْمى حجْرة وْراه باش يْلَهّيه.
10. شْعل النّار بِالكْلتوس.
11. الفلّاح إلّي وصّلو لْبوه بِالتّْراكْتور.
12. سْمع أذان الفجْر.
13. جاب معاه حُكّة عْسل.
14. ما كانِش فمّا ريزو في الجْبل.
15. عْطاهُم مرْيول وِلْدو باش يْشمّو ريحْتو.
16. كي وْصل لِلفيرْمة ولْقى النّاس الطّيّْبة.
17. الذّيب والوحْدة في الجْبل.
18. لْقى موس بوه في جيبو وشْعل بيه وْراق الكْلتوس.
19. كان يِبْكي ويْكلّم في أُمّو في التّليفون.
20. خْلف ما يْرجعْش كان كي يلْقى وِلْدو.

1. In October.
2. His name was Walid, and he was sixteen years old.
3. They had hunted a partridge and a rabbit.
4. He was watching the lake and geese and didn't notice his father leaving.
5. He spent the night in a cave.
6. The pigeons led him to the farm.
7. He was searching the mountain and had called the police.
8. She gave him milk, bread, and oil.
9. He threw a stone behind him to distract it.
10. He made a fire using eucalyptus leaves.
11. The farmer who took him to his father in his truck.
12. He heard the call to prayer at dawn.
13. He brought a jar of honey.
14. There was no phone signal in the mountains.
15. He gave them his son's shirt to smell.
16. When he reached the farm and found the kind people.
17. The wolf and being alone in the mountain.
18. He found his father's knife in his pocket and used it to light eucalyptus leaves.
19. He was crying and talking to his mother on the phone.
20. He swore not to return until he found his son.

SUMMARY

Read the scrambled summary of the story below. Write the correct number (1–10) in the blank next to each event to show the proper sequence.

___ بَدَأَتْ رِحْلَةُ الصَّيْدِ وَاصْطادا حَجَلًا وَأَرْنَبًا.

___ وَجَدَ عائِلَةً طَيِّبَةً ساعَدَتْهُ وَأَطْعَمَتْهُ.

___ سَقَطَ الوَلَدُ في النَّهْرِ وَتاهَ في الغابَةِ.

___ أَخَذَهُ عَمُّ مُحَمَّدٍ في الشّاحِنَةِ.

___ اِفْتَرَقا عِنْدَ النَّهْرِ وَضاعَ الوَلَدُ عَنْ أَبيهِ.

___ خَرَجَ الصَّيّادُ الصَّغيرُ وَوالِدُهُ لِلصَّيْدِ في الجِبالِ.

___ هاجَمَهُ ذِئْبٌ فَخافَ مِنْهُ وَهَرَبَ.

___ اِلْتَقى بِوالِدِهِ وَفَرِحا بِبَعْضِهِما.

___ وَجَدَ مَغارَةً وَباتَ فيها لَيْلَتَهُ.

___ في الصَّباحِ تَبِعَ الحَمامَ حَتّى وَصَلَ إِلى مَزْرَعَةٍ.

Key to the Summary

2 The hunting trip began and they caught a partridge and a rabbit.

8 He found a kind family who helped and fed him.

4 The boy fell into the river and got lost in the forest.

9 Uncle Mohammad took him in his truck.

3 They separated at the river and the boy got lost from his father.

1 The young hunter and his father went hunting in the mountains.

5 A wolf attacked him, he was scared and ran away.

10 He reunited with his father and they were happy together.

6 He found a cave and spent the night there.

7 In the morning he followed pigeons until he reached a farm.

Modern Standard Arabic Readers Series

www.lingualism.com/msar

www.ingramcontent.com/pod-product-compliance
Lightning Source LLC
LaVergne TN
LVHW011050110826
845149LV00015B/3443

* 9 7 8 1 9 6 2 7 5 2 1 3 8 *